THIS BOOK BELONGS TO

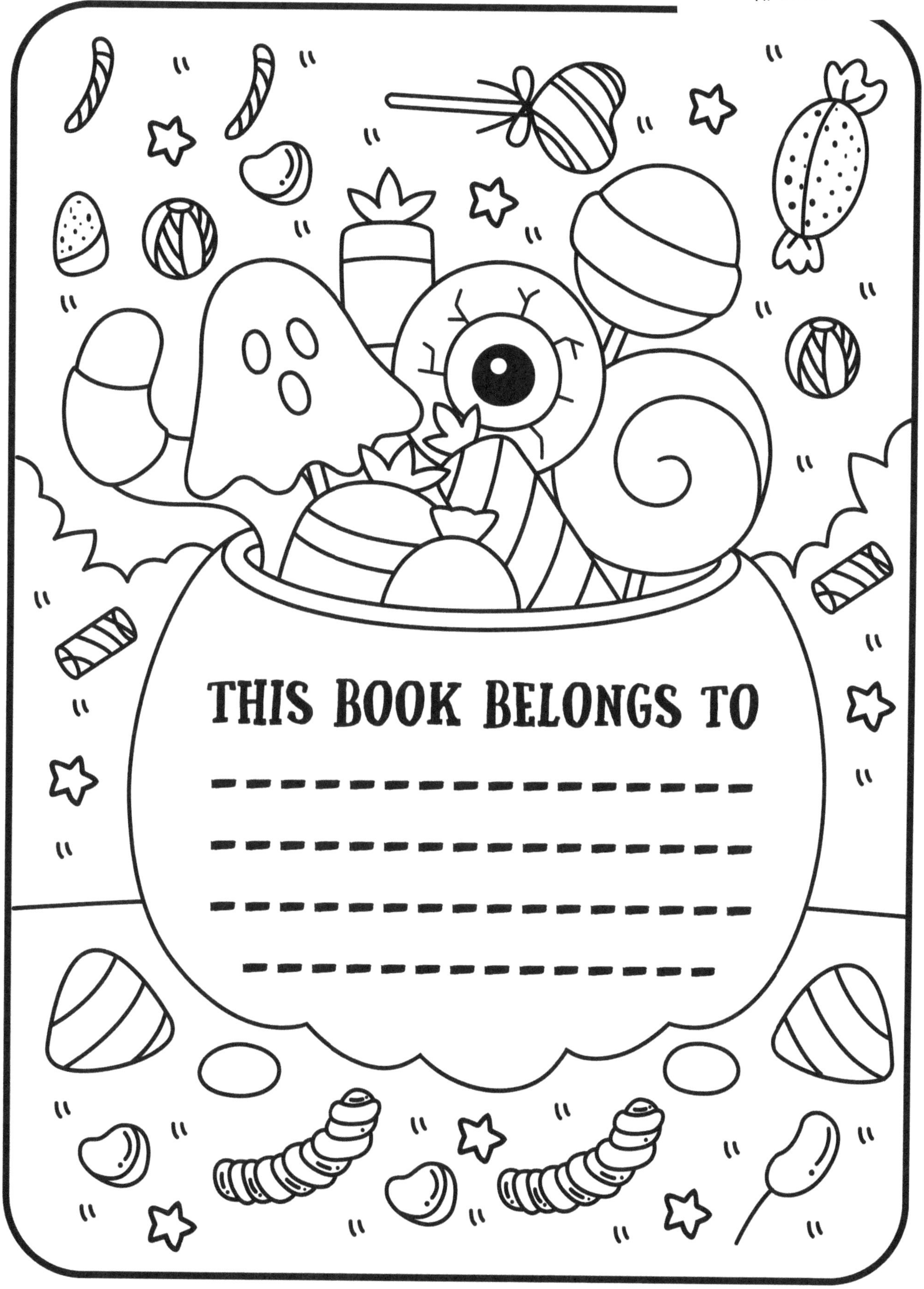

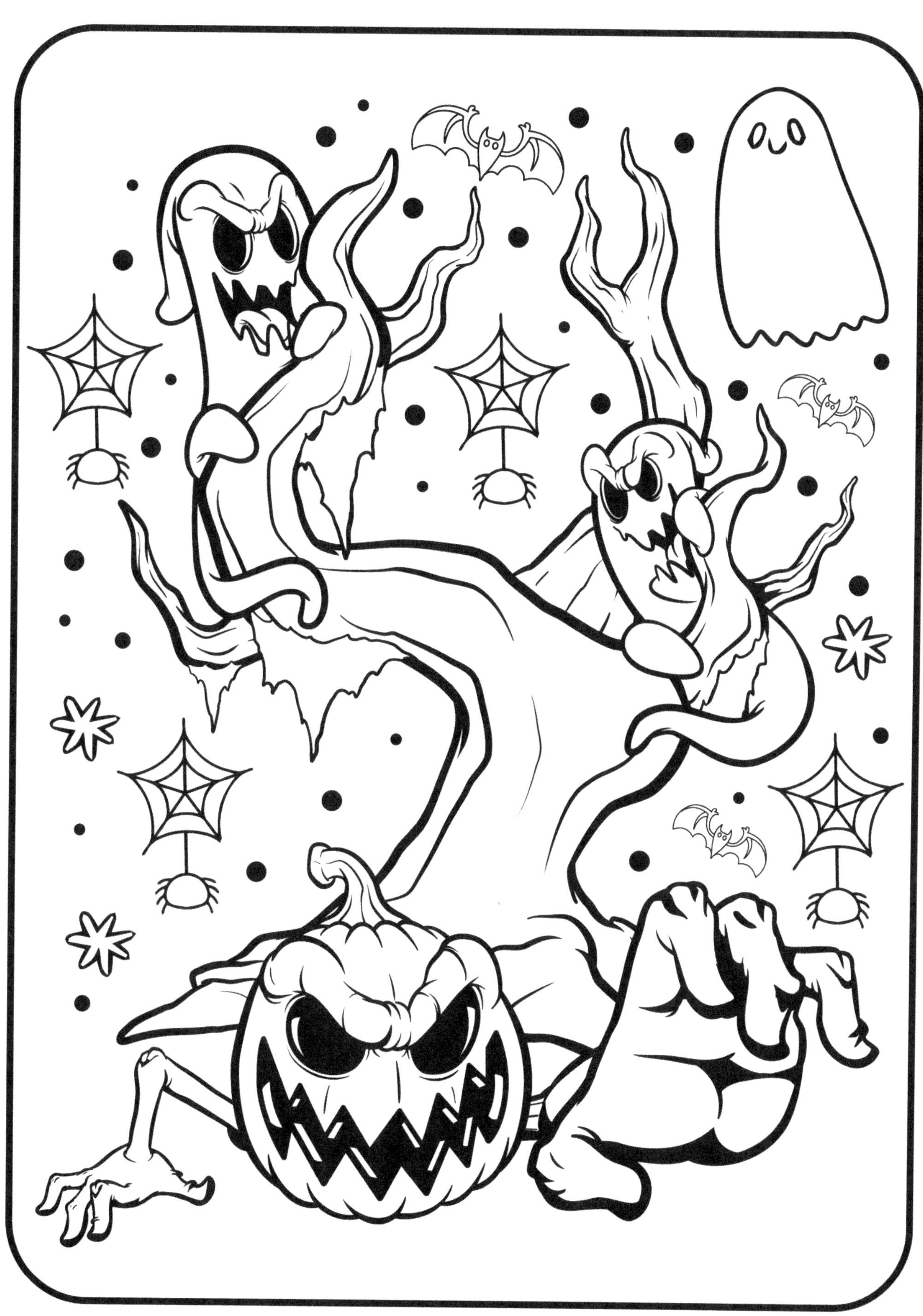

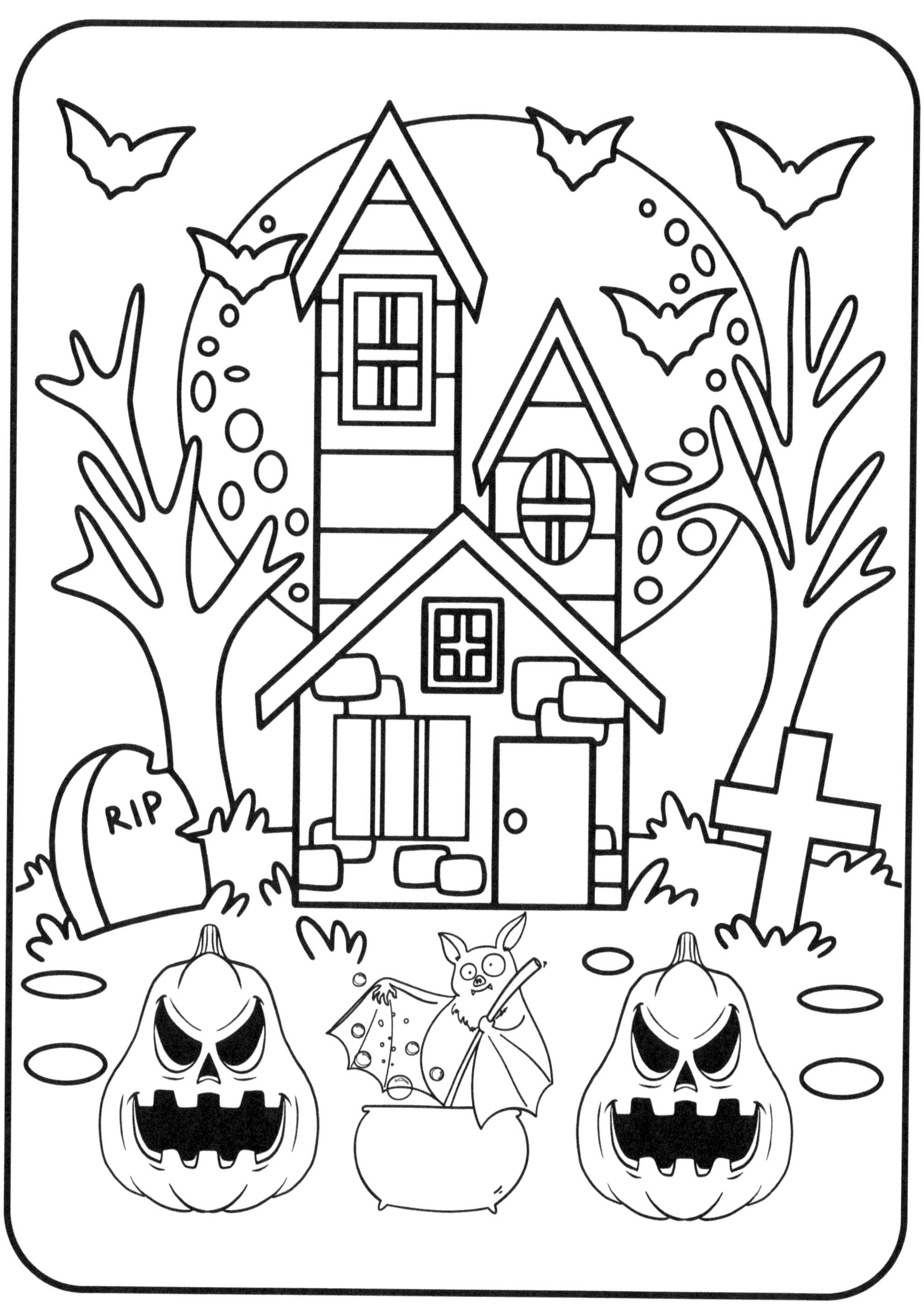
RIP

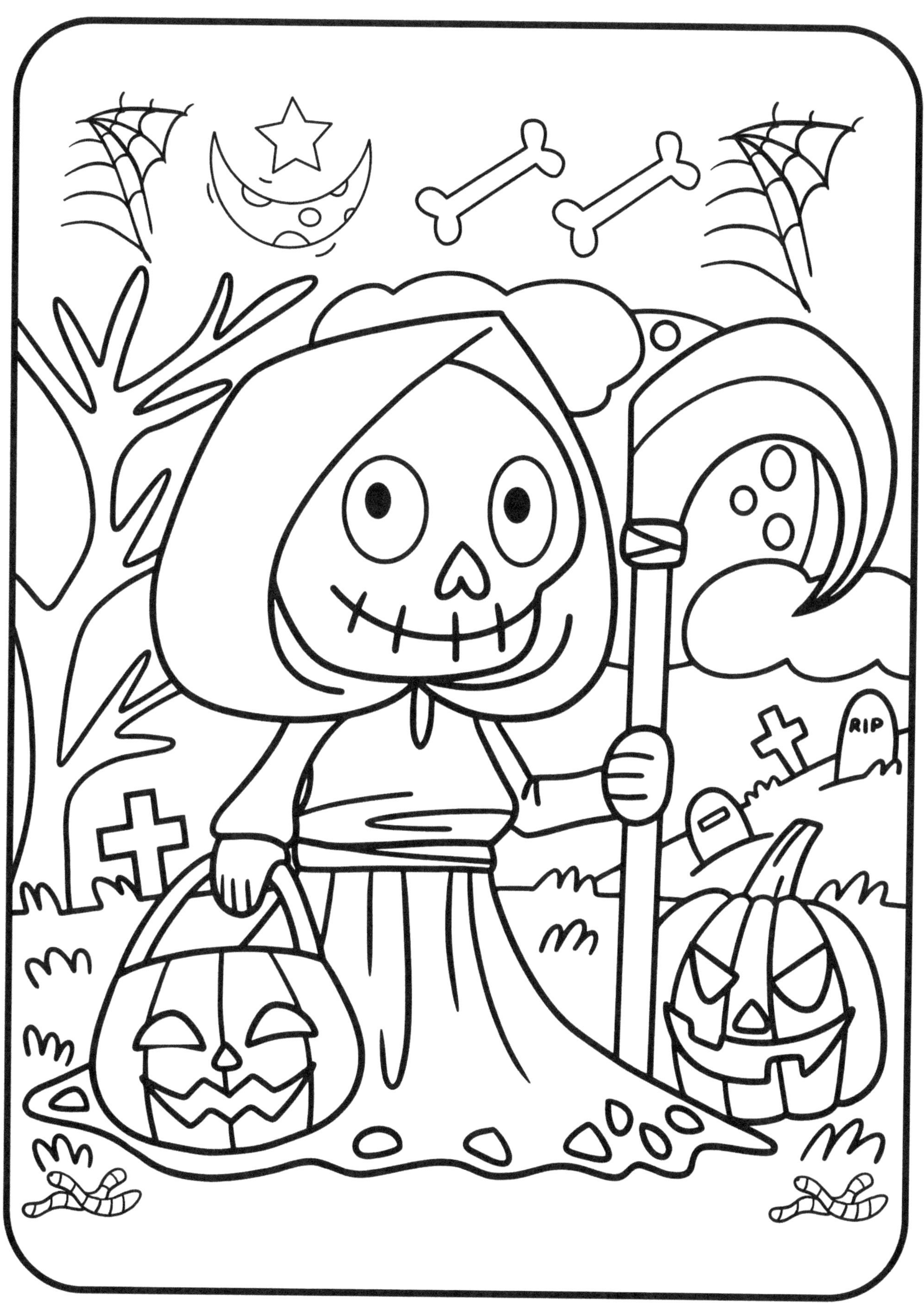
RIP

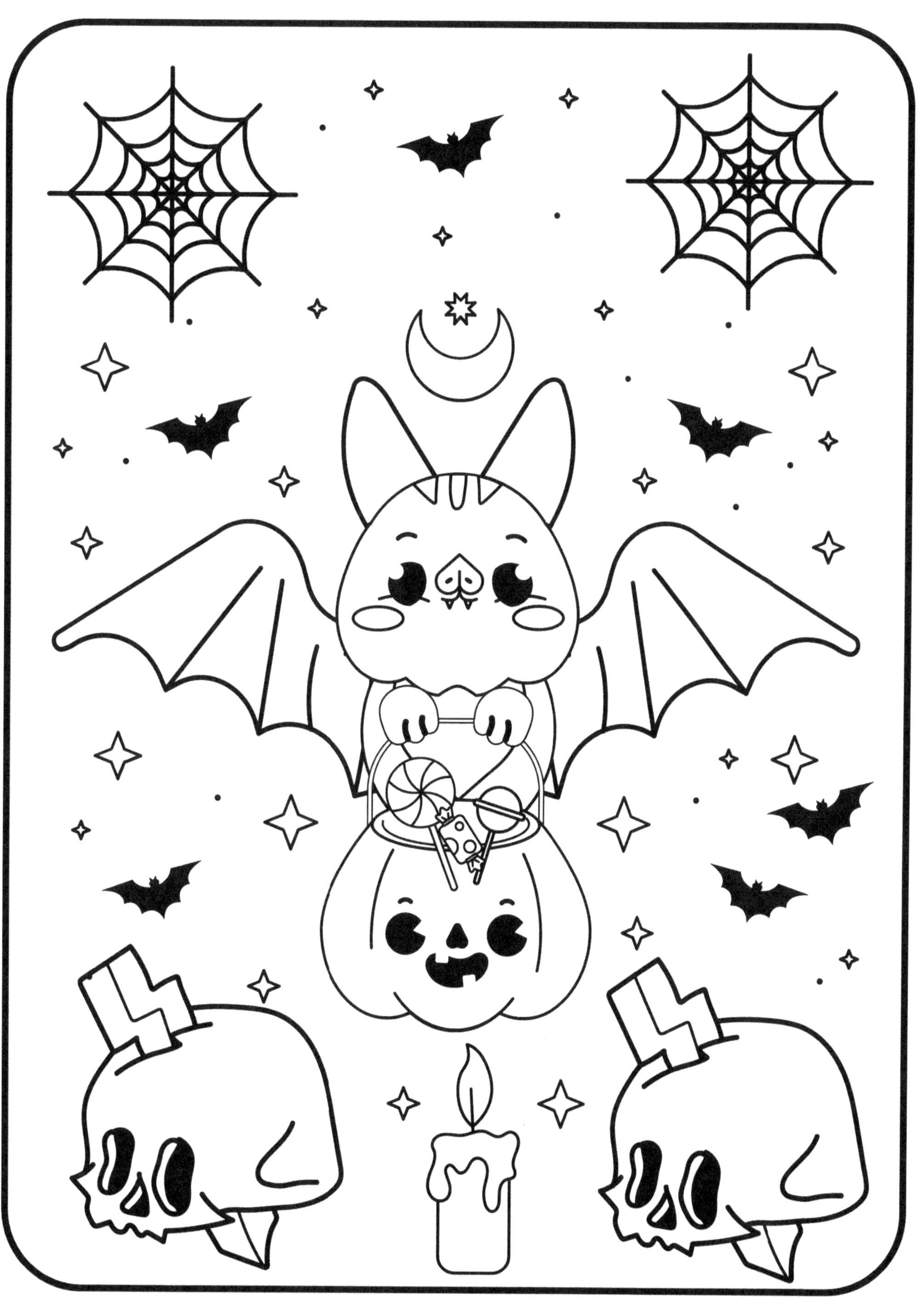

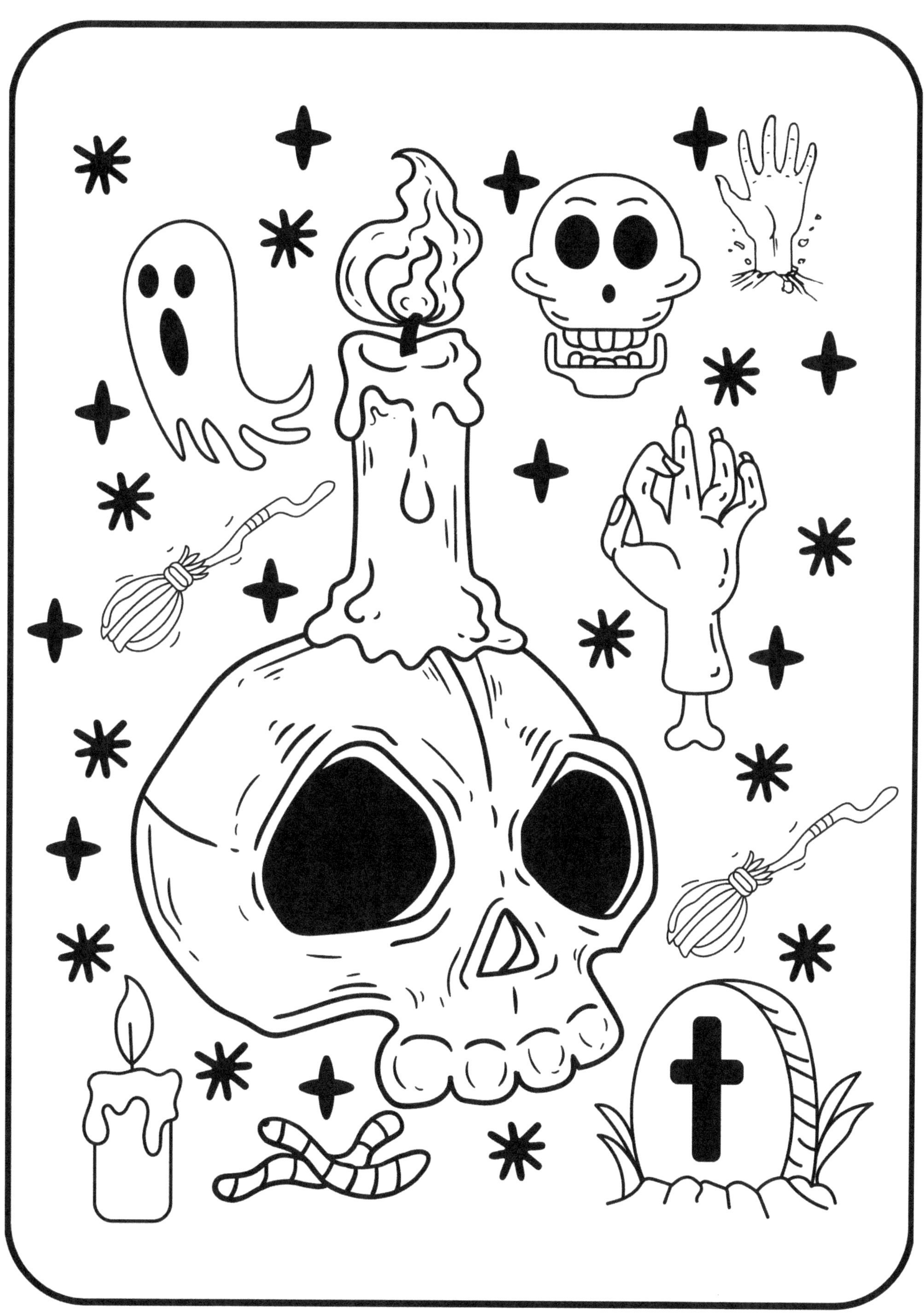

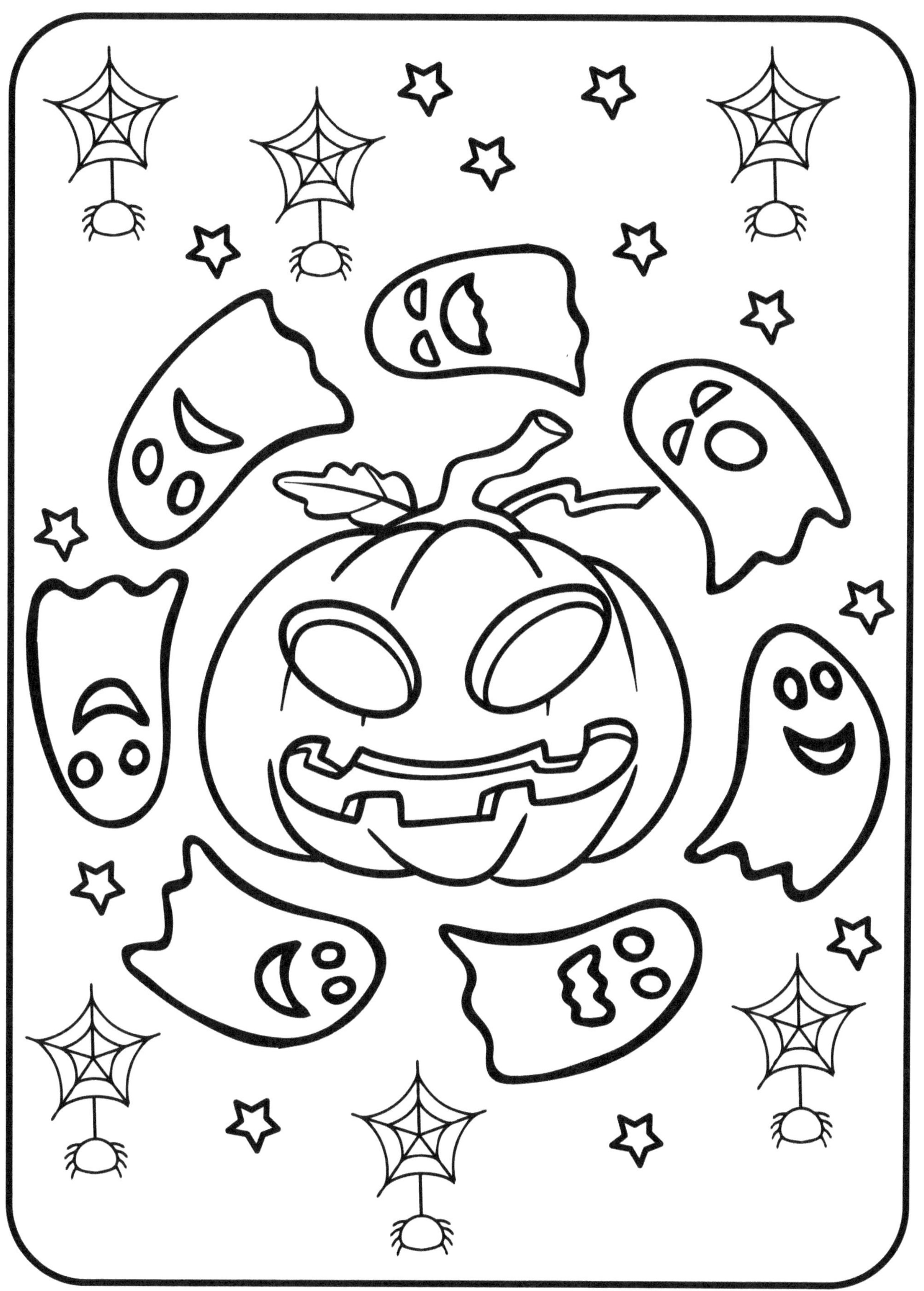

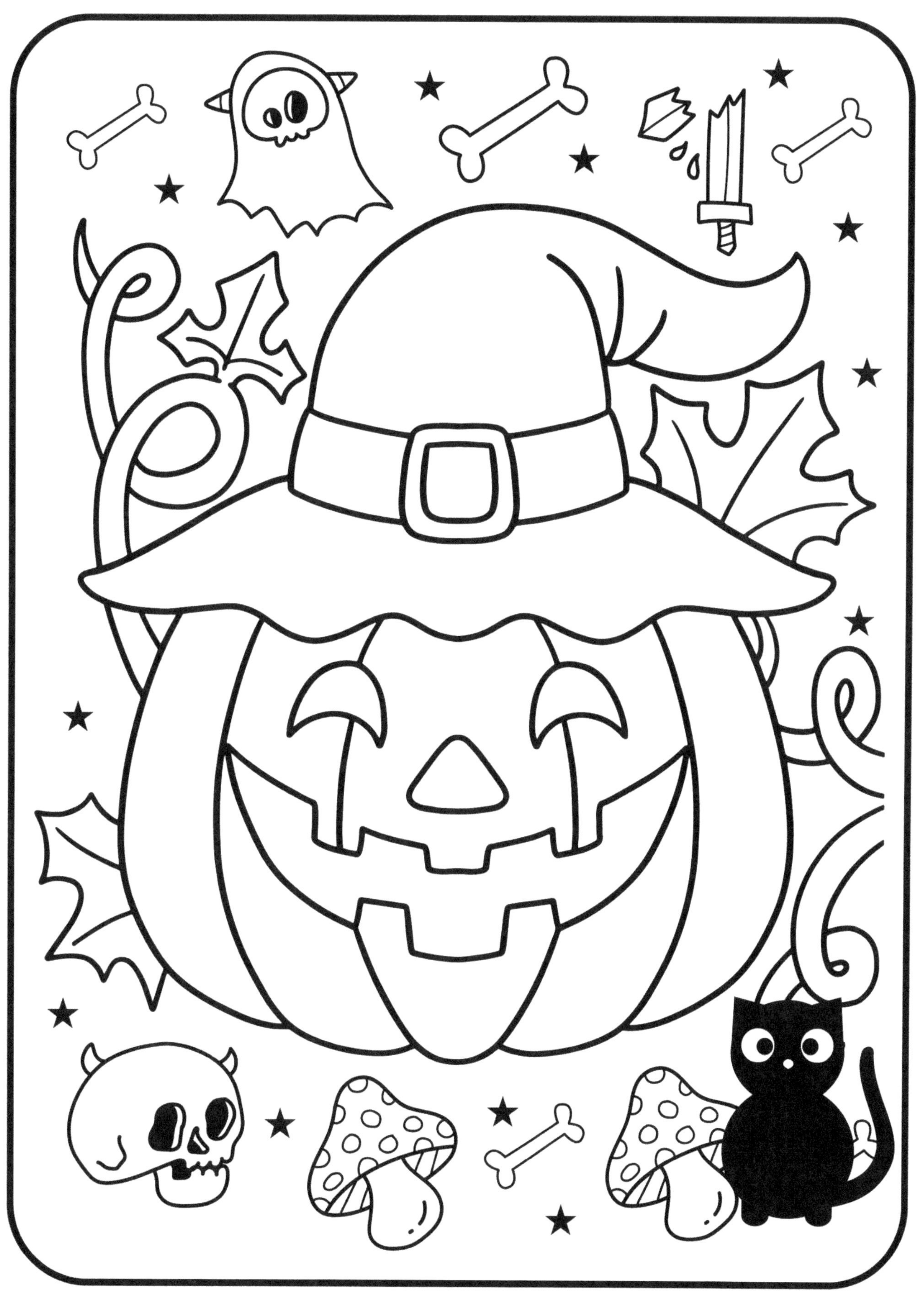

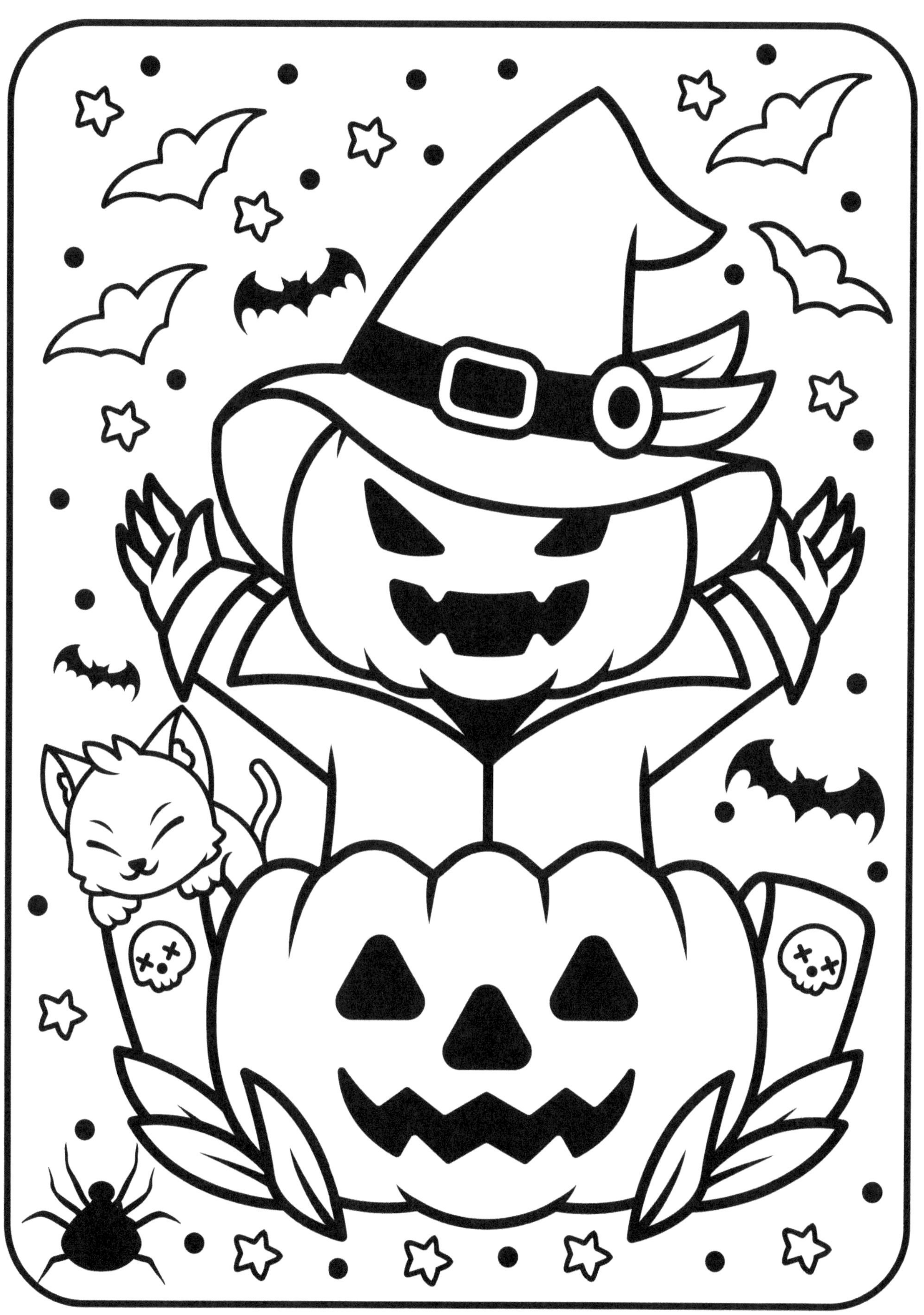

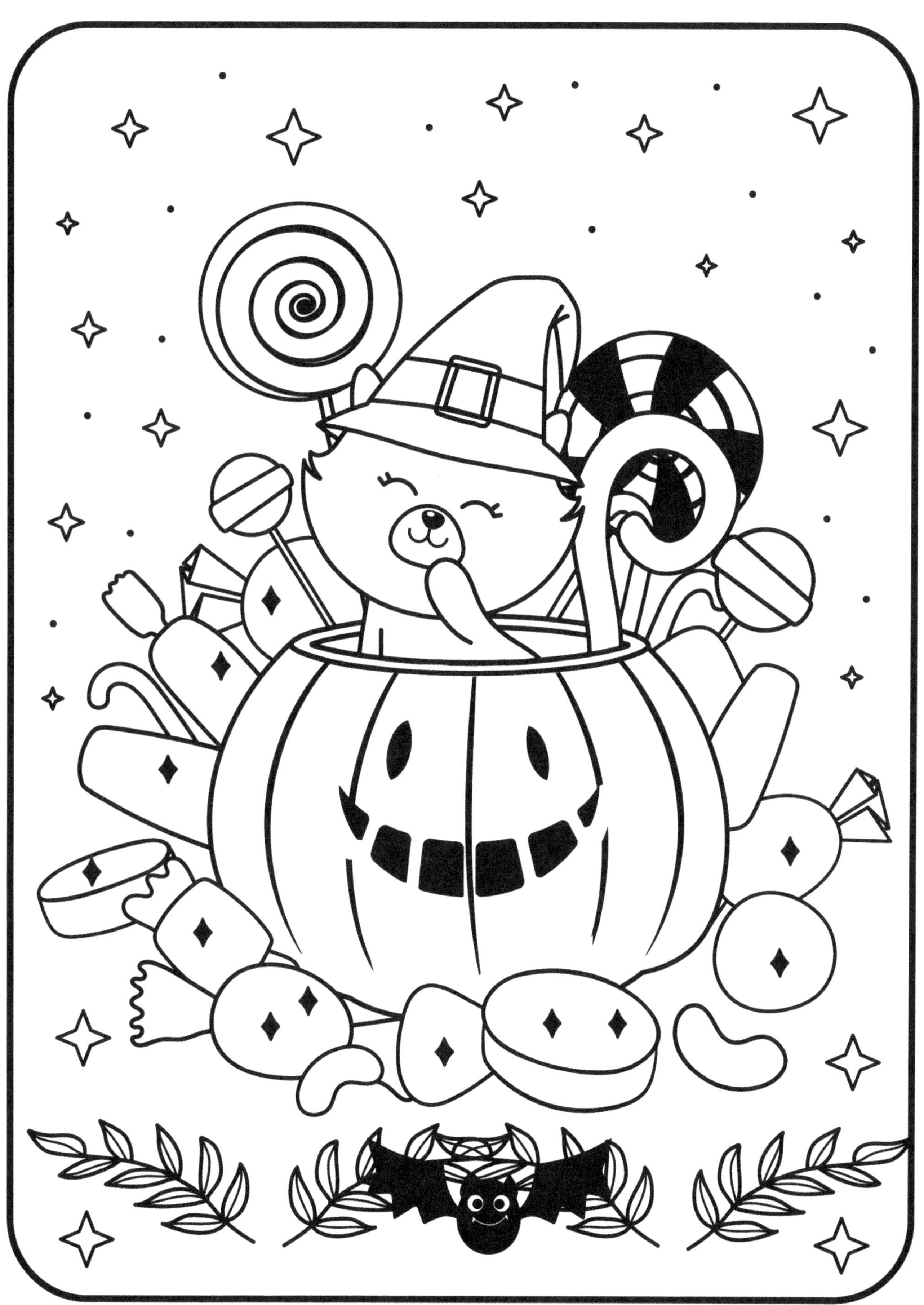

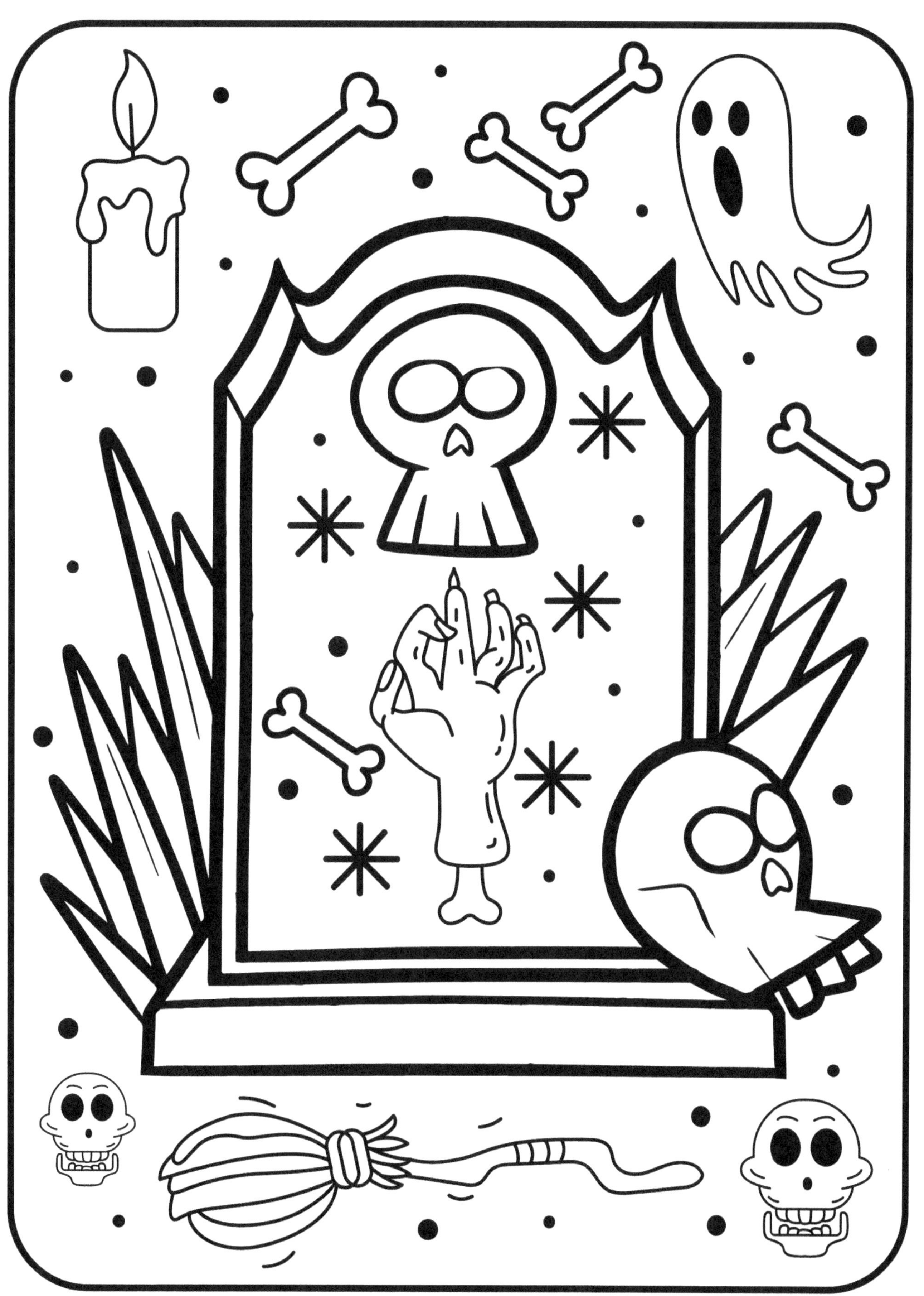

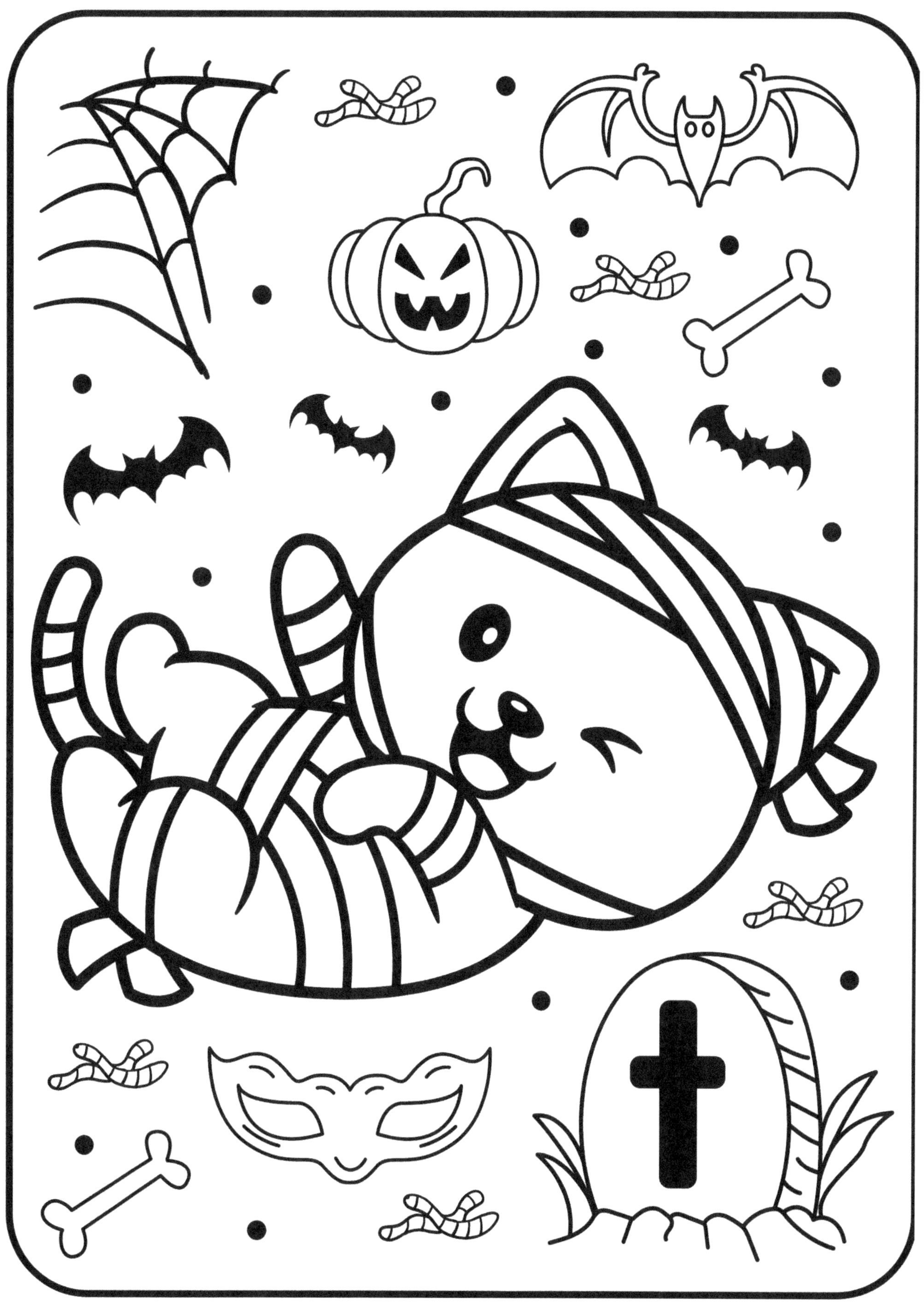

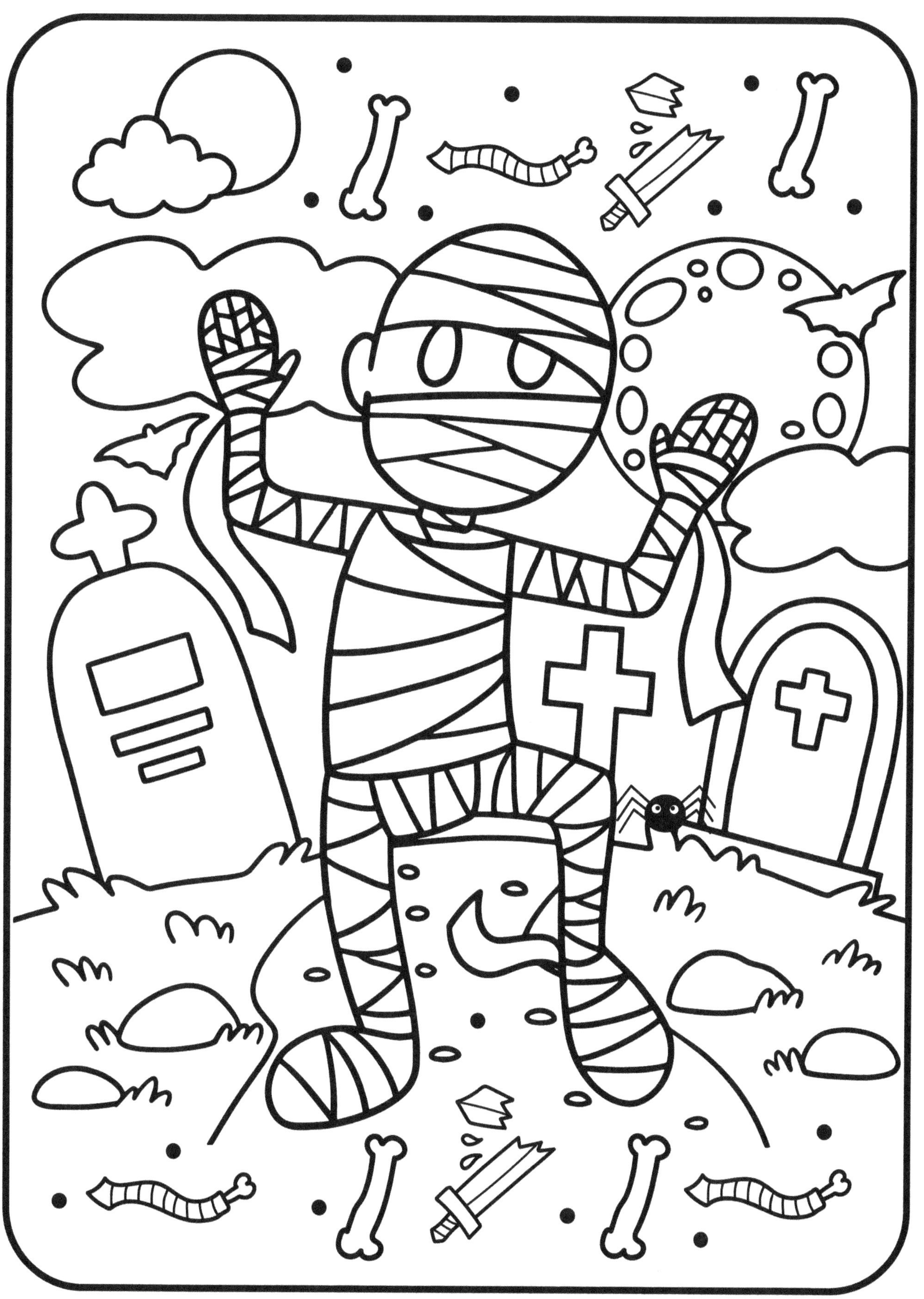

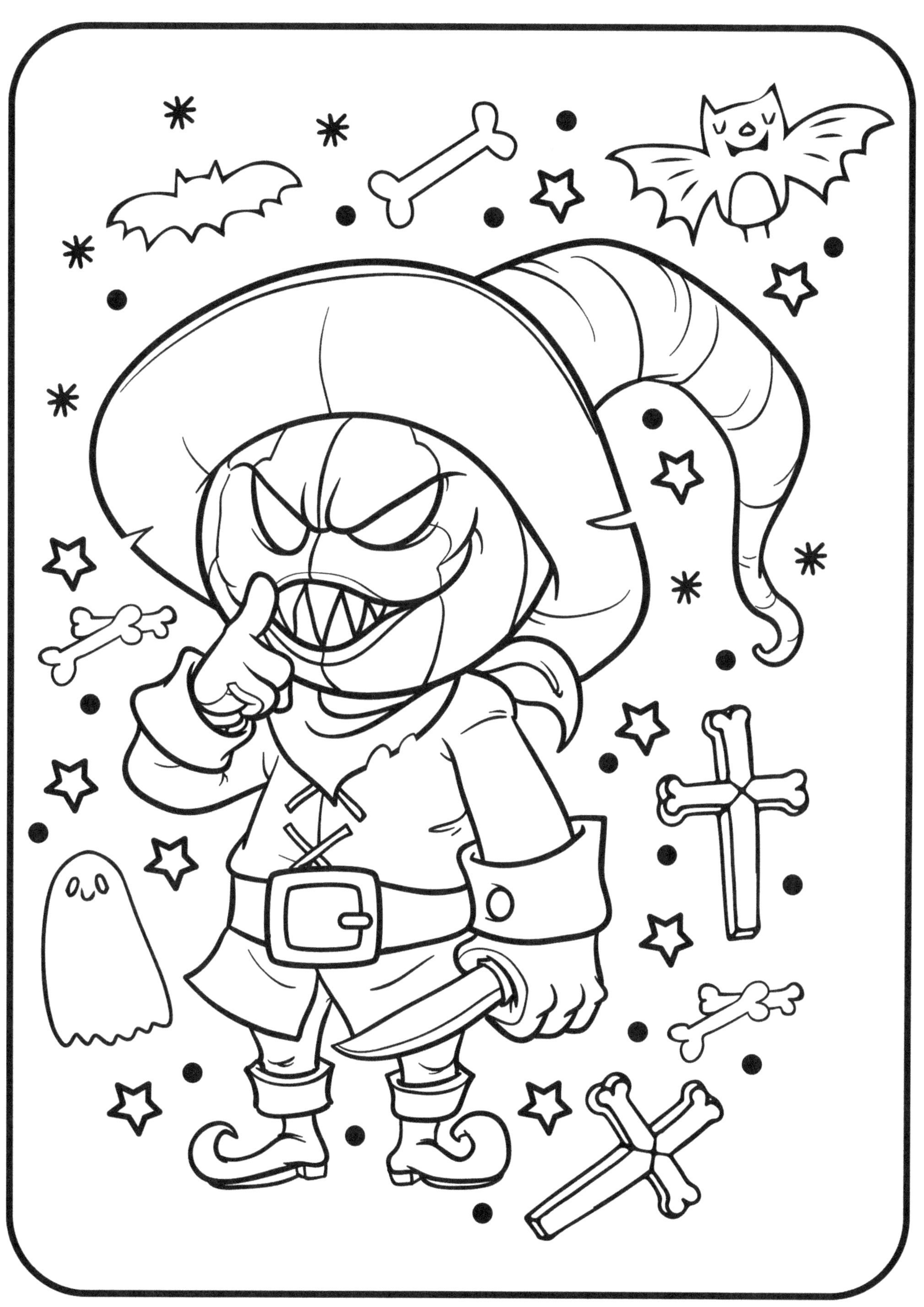

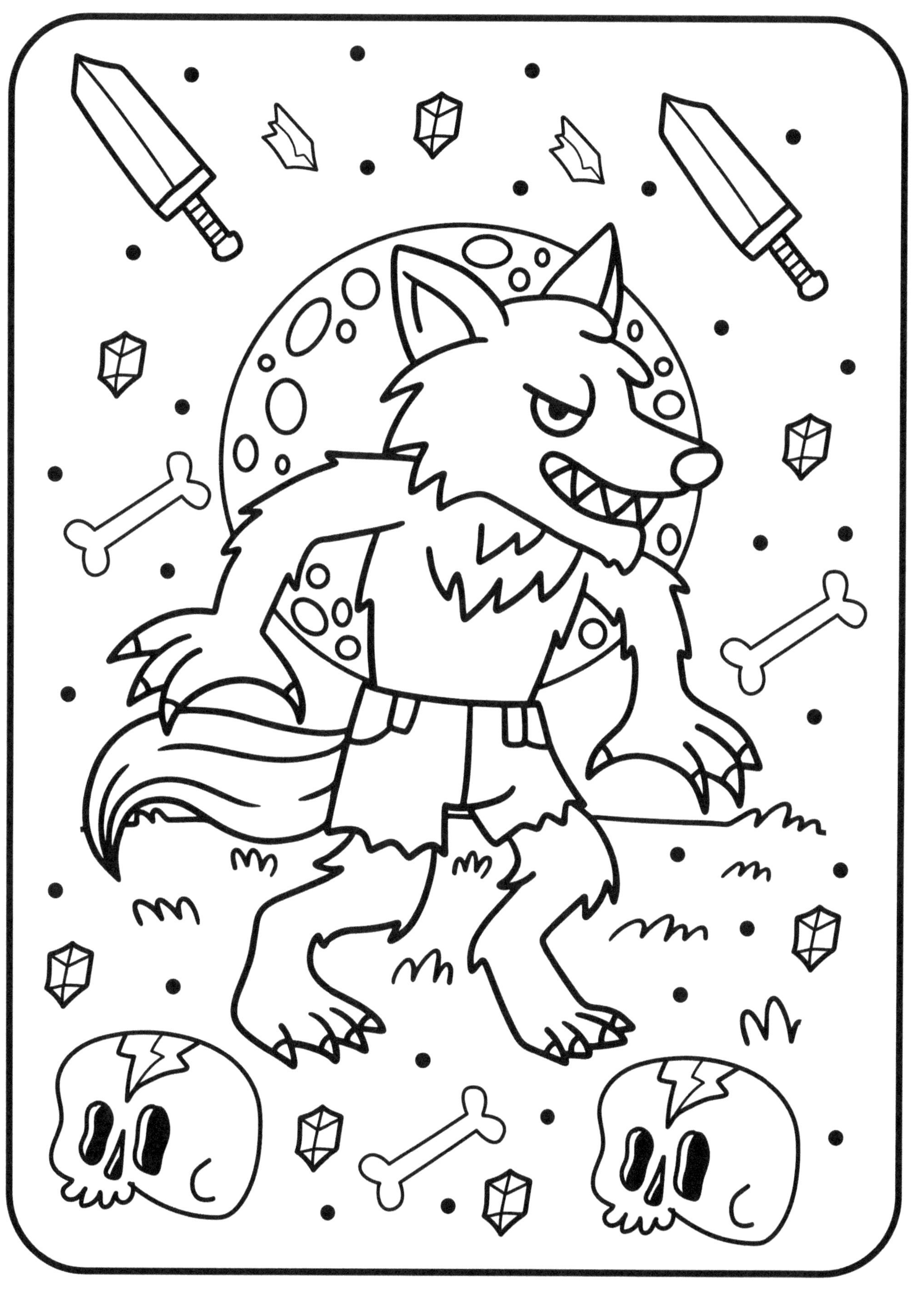

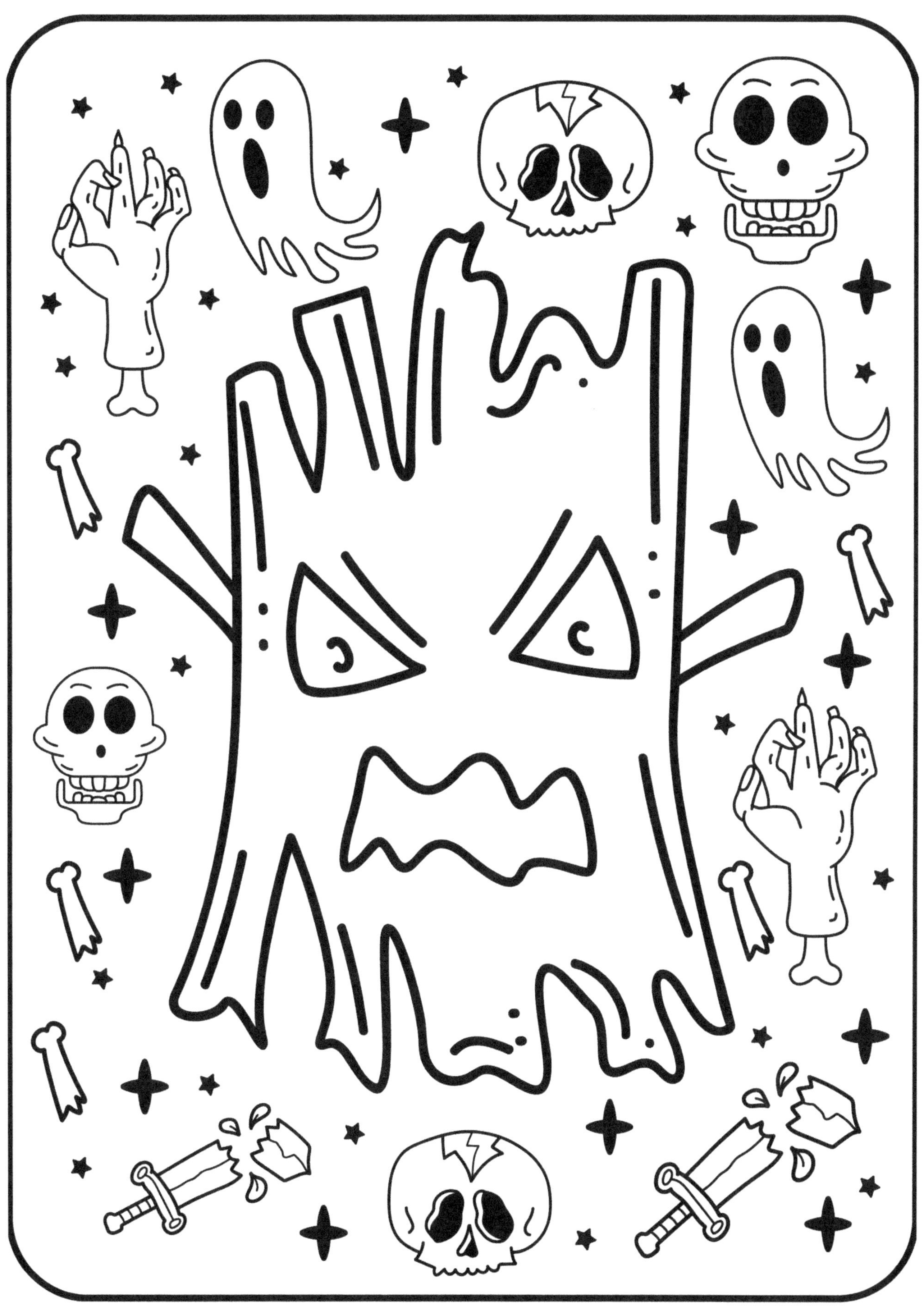

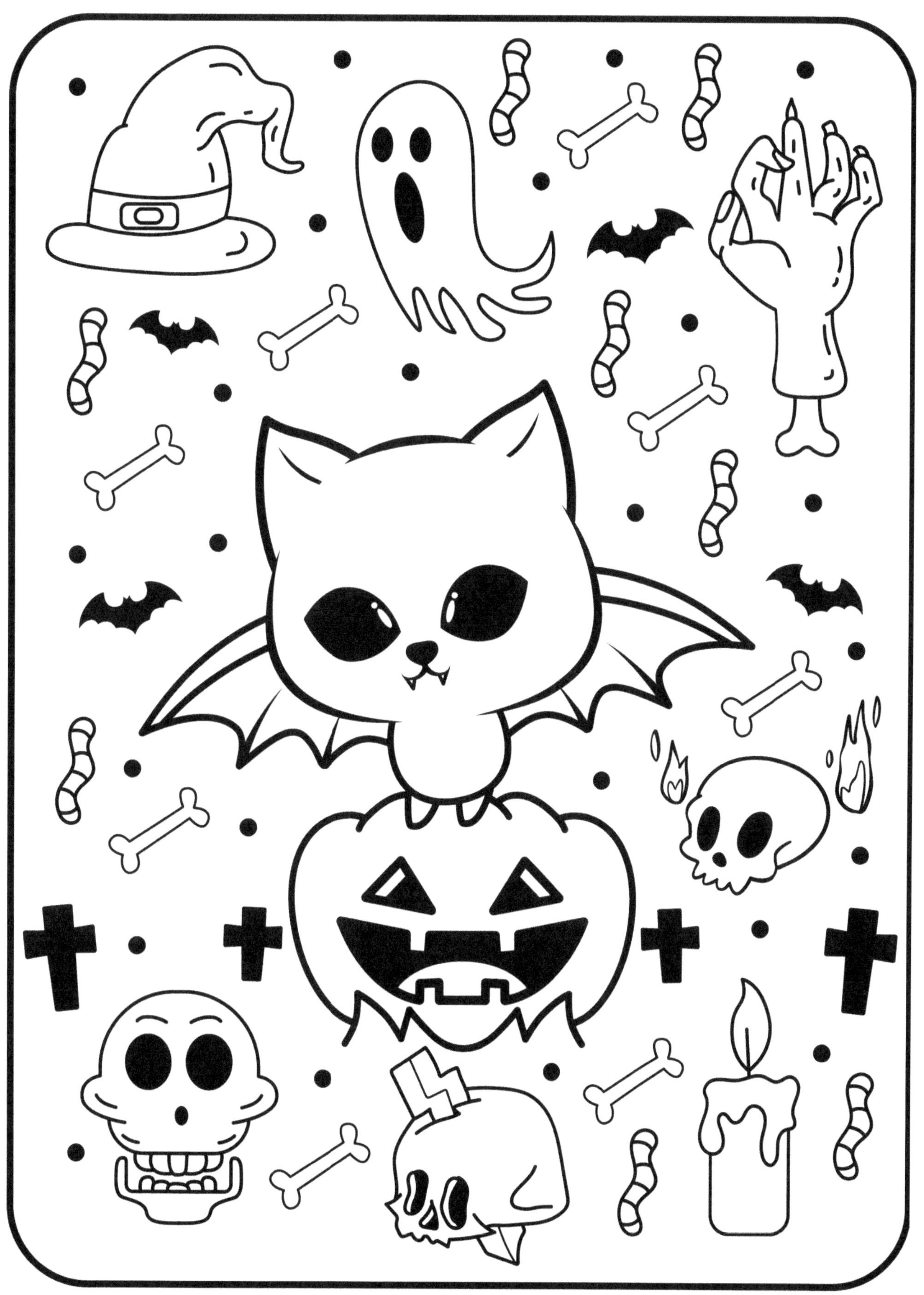

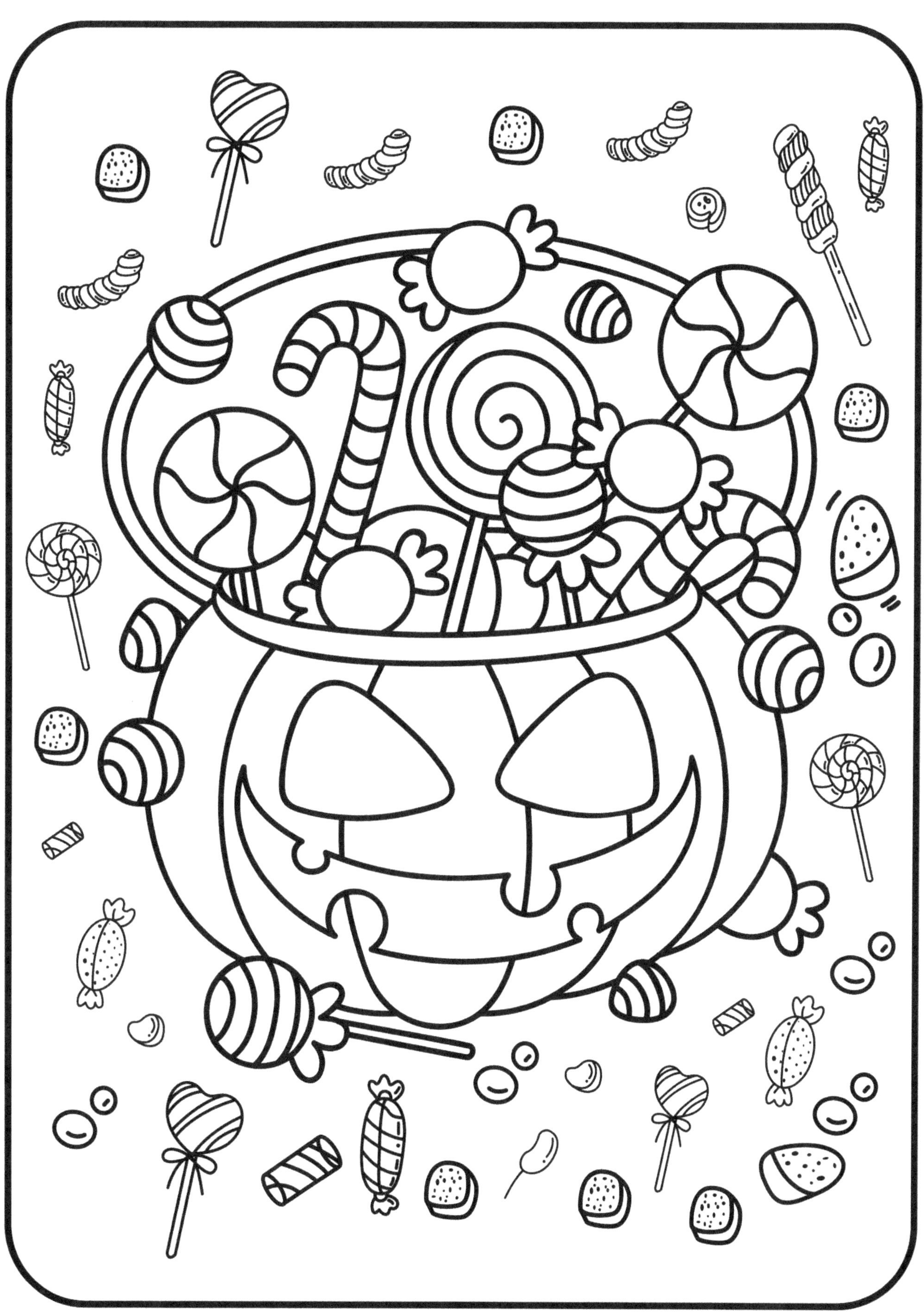

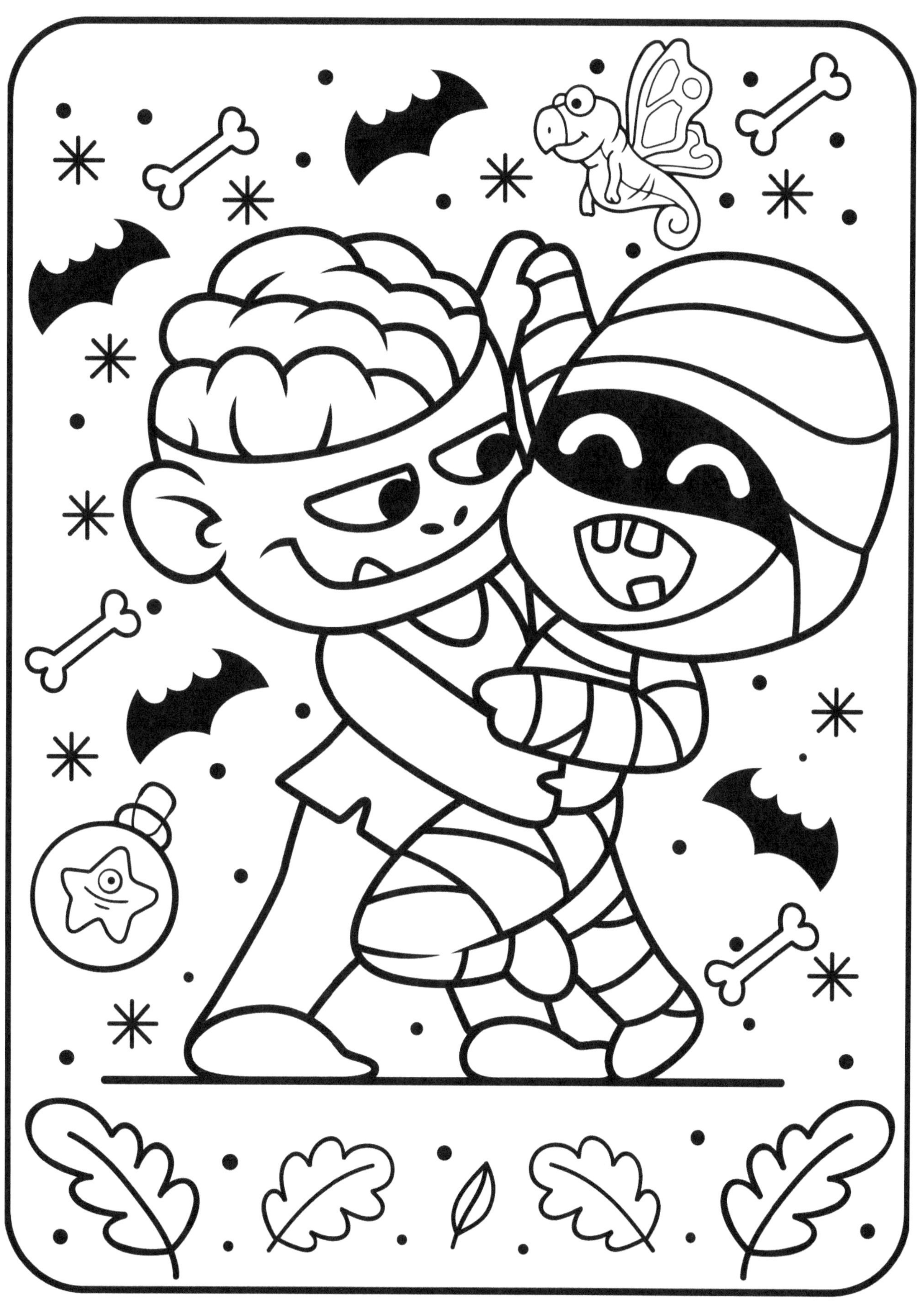

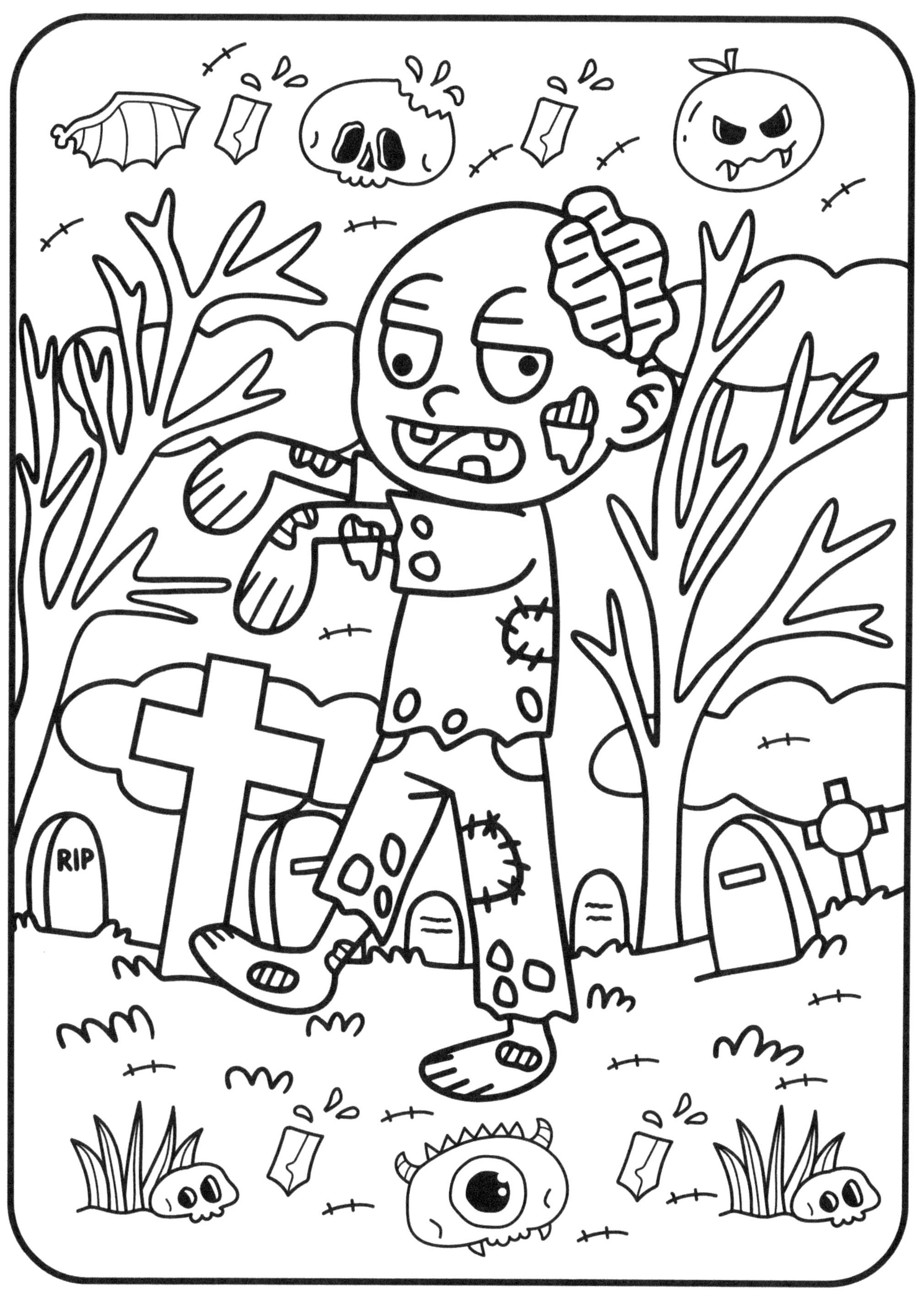
RIP

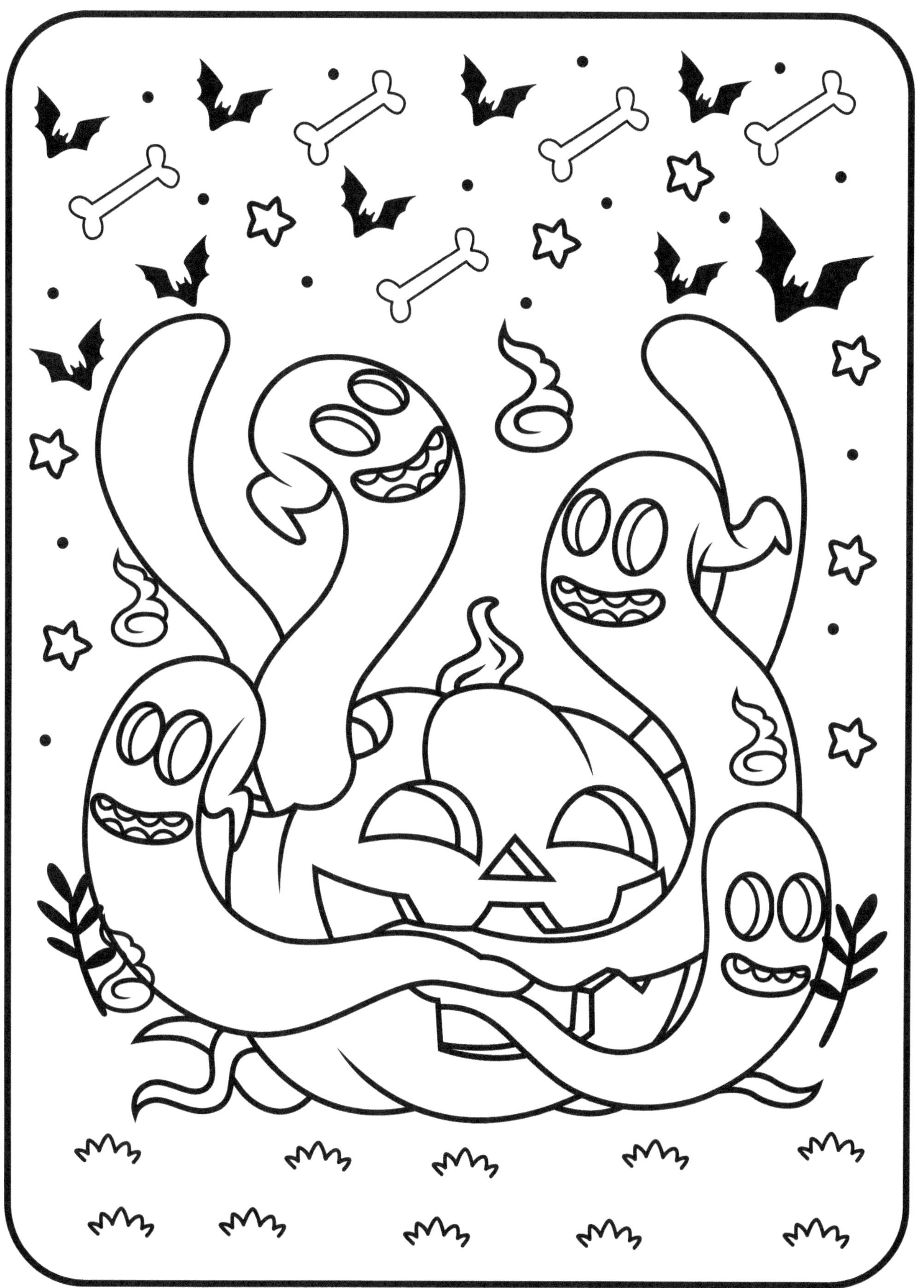

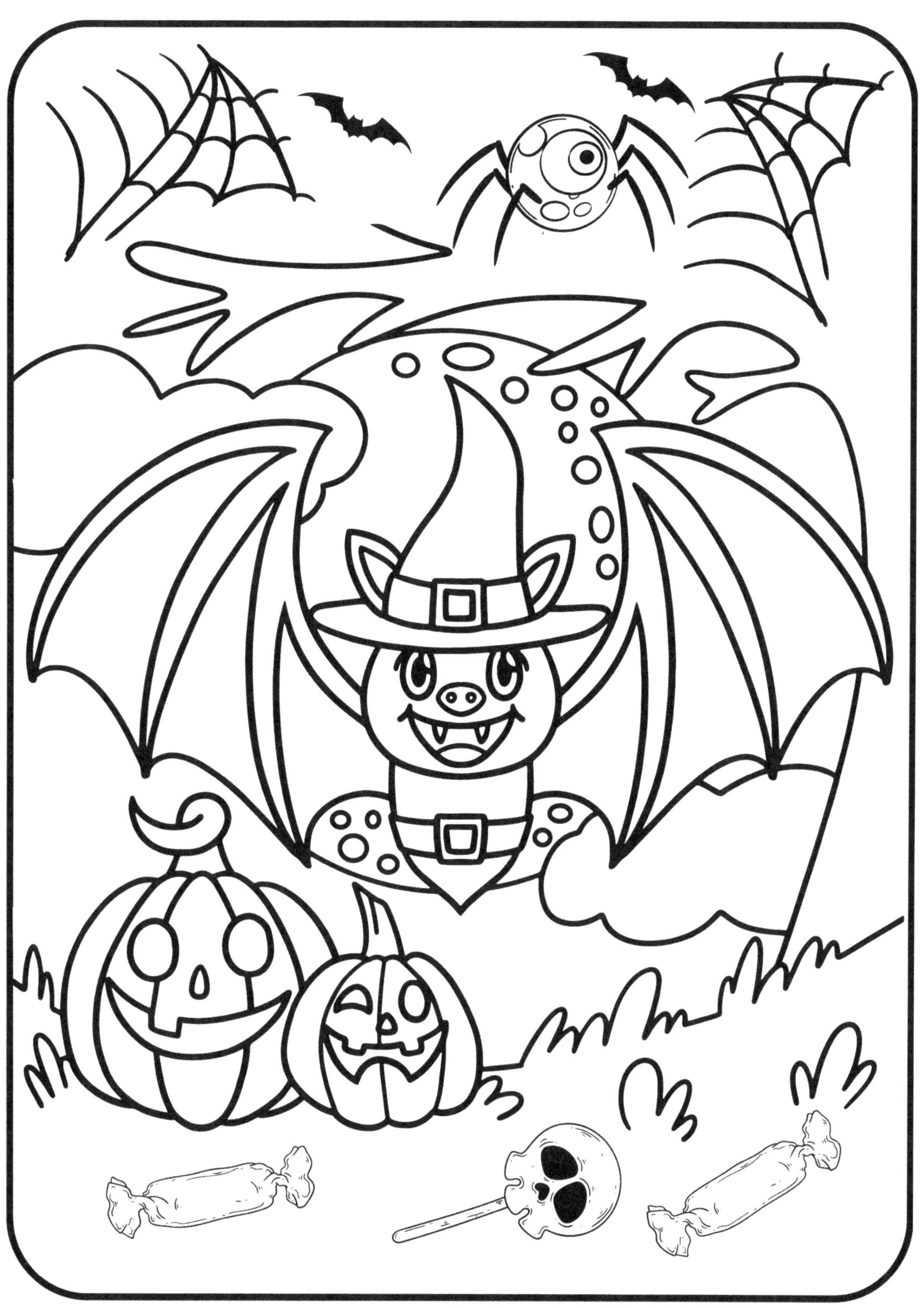

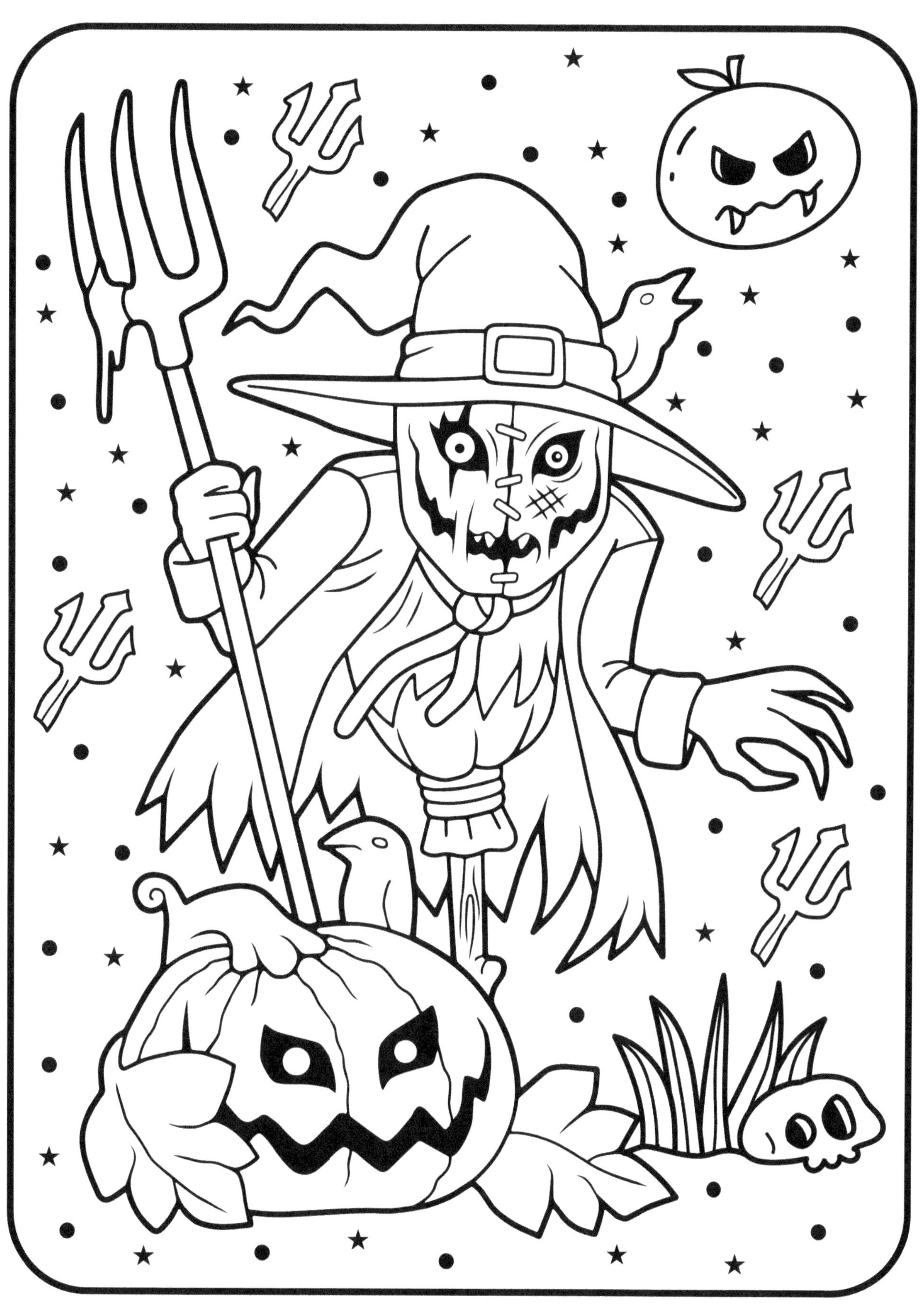

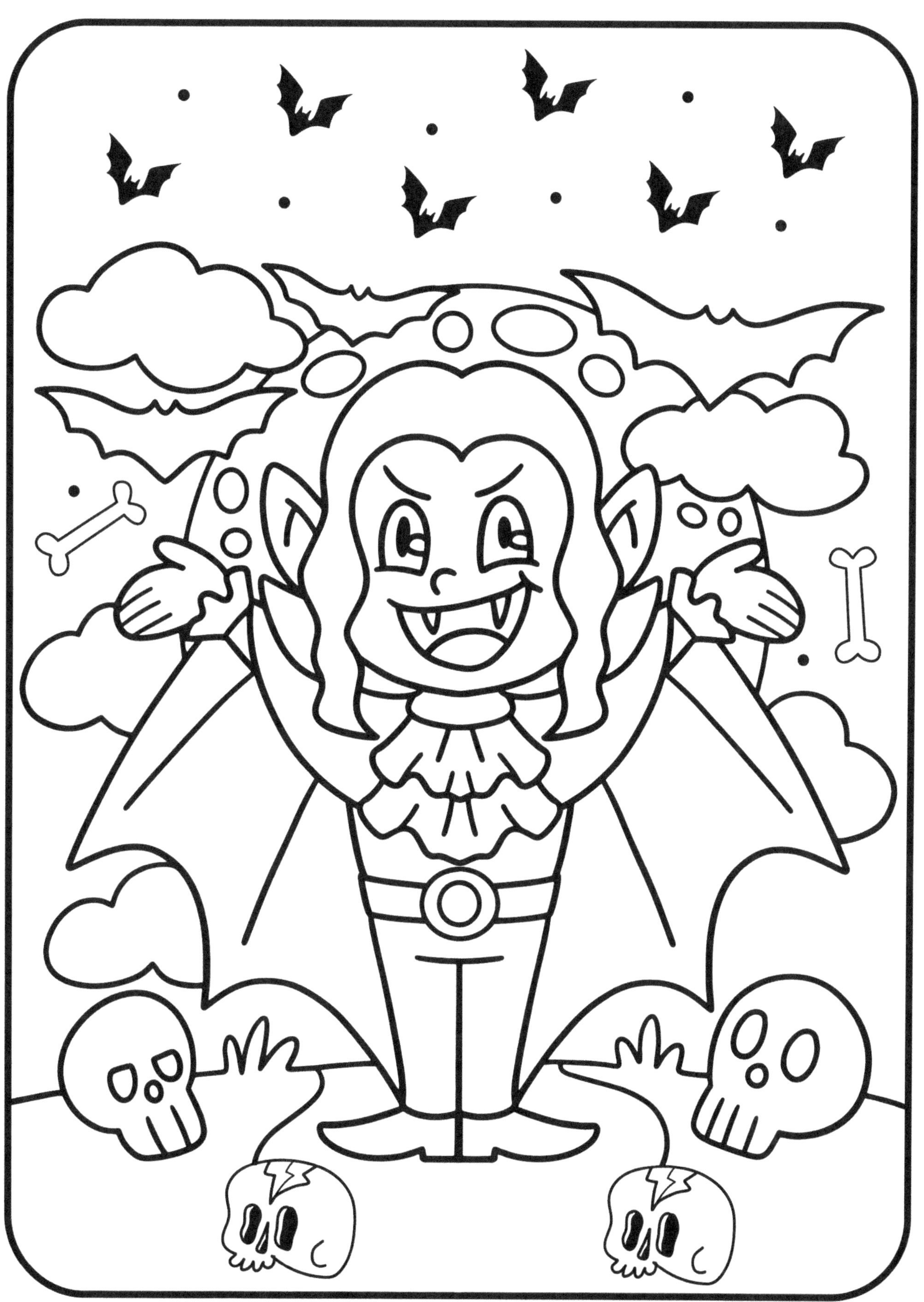

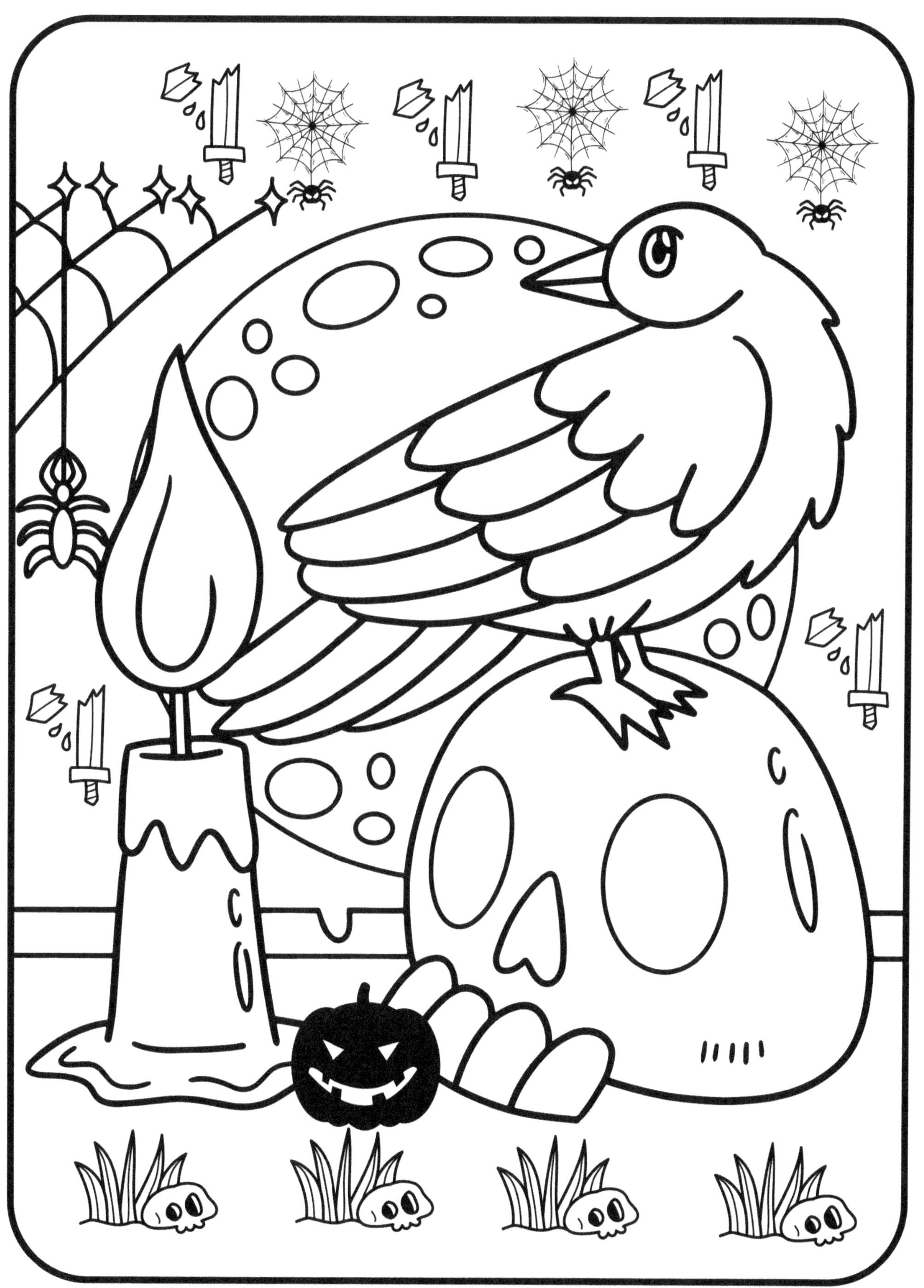

www.ingramcontent.com/pod-product-compliance
Lightning Source LLC
LaVergne TN
LVHW082300150826
845677LV00009B/1674
* 9 7 9 8 3 5 1 9 9 1 9 1 7 *